HISTOIRE COMMUNALE

DE

CRIQUETOT-L'ESNEVAL,

Rédigée d'après les manuscrits de l'abbé Lebret.

Par M. l'abbé COCHET,

MEMBRE DE LA SOCIÉTÉ DES ANTIQUAIRES DE NORMANDIE.

INGOUVILLE,

Imprimerie de LEPETIT, Grande-Rue, 42.

1840.

HISTOIRE COMMUNALE

DE

CRIQUETOT - L'ESNEVAL,

RÉDIGÉ D'APRÈS LES MANUSCRITS DE L'ABBÉ LEBRET.

En novembre 1730 naquit à Heugueville sur les falaises du Cap d'Antifer un homme que le grand monde ignore, mais que les habitants de nos campagnes doivent bénir comme un bienfaiteur. Cet homme était Jean Lebret qui en 1755 devint vicaire de Criquetot-L'Esneval, et y resta jusqu'en 1778. Pendant les vingt-trois années qu'il exerça ses modestes fonctions dans cette paroisse il s'est livré à d'incroyables recherches sur les familles qui composaient son troupeau; il nous a laissé pour fruit de ses longs et pénibles labeurs deux infolios de chacun 500 pages intitulés *Collection de tous les actes de baptêmes, mariages et inhumations de la paroisse de Criquetot-Lesneval depuis* 1605 *à* 1613 *jusqu'en* 1778 *avec des remarques qui pourront être utiles aux familles*. Ces deux volumes hérissés de noms et de chiffres sont vraiment l'œuvre de la patience la plus robuste et la plus colossale.

Ce trésor est conservé précieusement à la mairie de Criquetot, et tous les jours les habitants viennent le consulter comme un oracle. M. Fiquet, maire du lieu à l'obligeance duquel nous en devons la communication s'en est servi mille fois très-utilement pour rétablir des filiations perdues. A l'aide de ce grand arbre généalogique, dont la tête remonte si haut, il a pu indiquer aux enfants leurs véritables ancêtres, revendiquer pour le pauvre des héritages inconnus ou contestés, couper pied à d'interminables procès et épargner aux familles de pénibles et souvent infructueuses recherches.

Du reste, c'était dans ces vues, toutes de bien public, que l'abbé Lebret avait composé son livre, et il est sûr qu'il a trouvé dans M. Fiquet un digne interpréte de son travail et de sa philanthropie.

Chargé en 1755 de faire des recherches pour une famille Legrand, du Havre, dont un membre avait fondé un obit dans l'église de Criquetot, l'abbé Lebret s'était donné une tablature infinie. Les veilles qu'il lui fallut passer, les registres qu'il lui fallut feuilleter, le papier qu'il lui fallut brouiller pour établir cette seule généalogie, lui firent comprendre les inévitables embarras dans lesquels devaient se trouver une foule de familles pauvres et ignorantes. Voir le mal et y porter remède fut tout un pour l'abbé Lebret; mais laissons-le s'expliquer lui-même: « La famille Legrand n'ignore pas dit-il, les peines que je me suis données en 1755 et 1756 pour déterminer leur filiation, je crois même devoir transmettre à la postérité que ce sont ces soins et ces peines multipliées qui m'ont conduit à ceux que j'ai pris pour rédiger ce recueil et ces remarques.

« Il y a 23 ans que je commençai cette collection; mon but fut de rendre service au public et de m'épargner des recherches souvent pénibles et quelquefois inutiles. J'ai eu la satisfaction de voir l'un et l'autre but remplis.»

Écoutons-le maintenant nous raconter par quels moyens il est parvenu à rassembler cette masse de renseignements qu'il lui a fallu pour rédiger son œuvre. «C'est, dit-il, avec une încroyable bonhomie, c'est par les différentes visites que j'ai faites dans la paroisse, que je me suis mis au fait des filiations des différentes familles. Je faisais ordinairement ces questions: Où êtes-vous né? Où êtes-vous marié? Comment s'écrit votre nom? Le nom de votre père? celui de votre mère? Êtes-vous en premières noces? Comment s'appelait votre première femme? et *vice versa*. Votre âge? Permettez que je lise les premières lignes de votre contrat de mariage. Montrez-moi votre extrait de baptême. J'avouerai qu'il y en a eu d'assez mal avisés pour me rire au nez; d'autres qui ont pris cela de travers. Ni les uns ni les autres n'entendaient bien leurs véritables intérêts.»

Pour apprécier à sa juste valeur le service rendu par l'abbé Lebret à la population de Criquetot, il faut savoir comment étaient tenus les registres avant la révolution.

L'abbé Lebret, en explorant les registres de Criquetot, y trouva souvent des actes qui étaient biffés et auxquels on devait néanmoins ajouter foi. « J'ai su depuis, ajoute» t-il, que lorsqu'un enfant mourait dans l'année de sa » naissance, on se contentait de biffer l'acte de baptême. » L'original était toujours conservé sans aucune copie et fort souvent cet acte unique était dressée sur une feuille volante. Lorsqu'un besoin de famille faisait demander l'acte de baptême, fort souvent le vicaire qui était chargé de l'expédier, donnait la feuille volante pour s'éviter la peine d'en tirer copie; il n'était pas rare qu'on oubliât entiérement de prendre acte des baptêmes, ce qui a fait dire à la marquise de Créquy, dans ses mémoires, qu'elle ne sait pas si elle est née au 17e ou au 18e siècle, parce que lorsqu'elle vint au monde, c'était à la campagne, son père était à l'armée et tout le monde était occupé autour de sa mère qui faillit périr en lui donnant le jour. Ce qui fit qu'on tint peu de compte de la nouvelle venue, et puis d'ailleurs ce n'était qu'une fille.

Une telle incurie, vraiment inpardonnable, fut cause qu'à la révolution on enleva l'état civil au clergé pour le confier à des maires. A coup sûr, on y a gagné pour la tenue; mais on y a perdu pour la poésie. Je vous le demande, quel souvenir intime réveille dans l'ame un acte de naissance ou un mariage de mairie. Chateaubriand l'a dit, et nous le répétons de bon cœur avec lui: Vos registres de l'état civil ne sont qu'un catalogue d'esclaves pour la loi et une liste de conscrits pour la mort. De tous les états de l'Europe, la France est presque la seule qui ait séparé les actes de la vie civile des actes de la vie religieuse, et sous ce rapport je doute que la morale y ait gagné.

Ce n'est pas seulement aux origines des habitants de Criquetot que s'est appliqué l'abbé Lebret et qu'il a consacré son livre, il l'a assaisonné d'anecdotes et d'étymologie fort curieuses. On trouve chez lui la raison de presque tous les noms des hameaux qui composent le bourg de Criquetot.

«Je n'ai pu, dit-il, trouver l'étymologie du château Percoq. J'en ai hasardé quelques unes dans le corps de ce recueil, je l'avoue, je me suis un peu amusé de ces surnoms baroques qui doivent leur origine à un millier de sobriquets inventés par l'orgueil de la rusticité. La tradition cependant m'a autorisé à l'égard de plusieurs tel que le suivant: la mare Féron tire son nom d'un ancien propriétaire. Un neveu du curé y a été tué, surpris à la pêche, pour réparation de quoi on fait une rente au trésor. »

La ferme appelée *Leprêche* était le temple des prétendus

réformés, qui fut fermé par sentence du juge royal du Havre, le dimanche de Pâques, 22 avril 1685, après l'office du soir. La maison qu'on appelle le *Ministre*, était la demeure du docteur desdits prétendus réformés.

Mais avant l'érection de leur temple, les protestans de Criquetot et des environs se réunissaient dans le cabaret d'un nommé Michel Leroux, qui est mort en 1628 : ils pouvaient bien le faire, puisque Luther et Carlstad se donnaient rendez-vous à l'auberge de l'*Ourse-Noire*. Ce Michel avait reçu de ses contemporains le surnom de *Canot* parceque, dit l'abbé Lebret, sa maison était une guinguette où l'on *canotait*. Il faut savoir que dans les assemblées de campagnes, le cidre se vend dans des cruches de terre appellées cannes, et que là on dit *canneter*, comme en ville on dit *pinter*. Ce hameau hérita du surnom de son propriétaire, et c'est là que les prétendus réformés de Criquetot ont bâti leur nouveau temple en 1836. C'est peut-être en souvenir de cet épisode de leur histoire.

Ces mêmes Leroux possédaient au bourg de Criquetot un vieil escalier en bois qui existe encore et qu'il faut monter pour atteindre la place du marché. Cette vieille montée s'appelait et s'appelle encore aujourd'hui le *Mont à Finances*. Savez-vous pourquoi? « C'est, dit « l'abbé Lebret, parce qu'il faut financer quand on va à « la halle, à la boucherie ou au pain. »

Cette anecdote de notre livre suffirait seule pour prouver, ce qui est incontestable, qu'à Criquetot avant la révolution il y avait une halle et un marché. Nous savons même qu'on a trouvé des titres qui en font remonter la possession jusqu'en 1400 (1) et alors c'était le seul marché du canton. Ce n'est que plus tard, en 1660, que s'établit le marché de Gonneville qui ne fut primitivement que pour les protestans. A cette époque les prétendus réformés étaient obligés sous peine d'amende de se découvrir devant une église ou un calvaire et de s'agenouiller lorsqu'on portait le bon Dieu aux malades. (2) Ce fut pour affranchir ses co-religionnaires de cette formalité humiliante que Louis Lécolier, seigneur de Gonneville, obtint de Louis XIV, la permission d'établir un marché à l'ombre

---

(1) Une charte de Gautier de Coutances, archevêque de Rouen, datée de 1200 accorde à une abbaye des droits sur les harengs d'Étretat qui se rendaient au marché d'Anglequeville près Criquetot.

(2) On trouve dans une histoire manuscrite du Havre qu'en 1682, on fit placer dans l'église de St-François, de cette ville, la cloche de l'horloge provenant des amendes payées au siége du Balliage, par des protestans qui avaient commis des irrévérences lors de l'inhumation d'un mort et pendant le temps qu'on portait le St-Sacrement aux malades.

de son château et fort loin de la portée d'un clocher catholique. Cet état de choses dura jusqu'en 93 où les protestans alors maîtres du terrain, obtinrent la suppression totale du marché de Criquetot.

Mais enfin, grâce aux actives démarches de M. Fiquet, ce dernier s'est relevé de ses ruines et le vendredi 15 janvier 1838, l'ouverture solennelle en fut faite à la grande satisfaction de tous les habitans du bourg. Depuis ce temps, l'administration municipale n'a cessé de faire des sacrifices pour la prospérité de son œuvre : une halle aux grains, des boutiques couvertes, un réseau de chemins bien entretenus, voilà sans doute des garanties d'avenir et de succès ! mais revenons à l'abbé Lebret : *La chasse à Martin* est une chasse de pommiers qui conduit du bourg de Criquetot au marché de Gonneville, elle doit son nom à Jacques Martin qui vivait en 1720.

«A propos du nom de Merlin : il y a, dit notre *cicerone*, une rue qui part de la rue d'Aréauville qu'on appelle la *rue Merlin* ou le *ruet Merlin.*» C'est sur le bord de cette rue d'Aréauville que se trouve une ferme qui a appartenu à Louis XII et à François Ier. On voit encore sculptées sur la cheminée les têtes de ces deux rois. La tradition prétend, que dans un voyage au pays de Caux, le père des lettres y vint coucher avec toute sa suite. La cheminée qui est toute drapée de fleurs de lys et de roses est grande et vaste comme ces vieux foyers de nos pères où l'ayeul recevait la famille dans les jours de réjouissance. C'est là que les enfans réunis s'égayaient aux récits de leur grand-père qui, assis dans son large fauteuil, paraissait comme le pontife de la fête : il racontait à ses jeunes enfans ses vieilles campagnes, ses premières guerres avec Bayard, Dunois, Montmorency, Châtillon ! Parfois un trouvère naïf contait son joyeux fabliau qui était souvent interrompu par les bruyans éclats de rire de l'assemblée ; un troubadour accompagnait de sa harpe un chant guerrier, un hymne patriotique, qui chatouillait doucement le cœur du vieux soldat ! Les noms de France, de Neustrie, d'Armorique étaient répétés avec enthousiasme !

L'infatigable abbé Lebret, signale encore au hameau du Dicq une bicoque qu'on appelle le four Barbot et une autre méchante bicoque qu'on appelle le four à Paquin, deux noms qui se tiraient des propriétaires.

Le croira-t-on, les modestes observations géographiques de l'abbé Lebret, qui lui méritent aujourd'hui notre reconnaissance, lui ont valu autrefois les persécutions de ses confrères. Laissons le s'en plaindre lui même avec cette naïveté qui le caractérise : «On m'a fait presqu'un cas de conscience, nous dit-il, d'avoir préconisé à un géographe (peut-être était-ce le célèbre Cassini ?) comme lieux remarquables, le *Carré de Vesce*, la *Chasse à Martin*, la *Grande-Mare*, au fond de laquelle on a trouvé un calice il y a dix-huit ans. Il nous supplia de lui désigner spécialement dans le langage vulgaire, les endroits les plus limitrophes des paroisses voisines. Nous l'avons fait avec les représentations convenables. Il a chargé sa carte du *Beau-Soleil*, du *Hameau-Canot* du *Château-Percoq*. Je crois même qu'il a confondu *la Barre* avec le *Four-Paquin* et le hameau du *Dicq* avec le *Four-Barbot*. Est-ce ma faute? si une ferme mérite place dans une carte, nous dit-il, parce qu'il y a le long du fossé une grande mare, on parle qu'elle est occupée par M. Delabarre. Un four où un honnête artisan a vécu prés d'un siécle, n'a-t-il pas acquis le même droit? que répliquer à un pareil raisonnement. Lecteur je vous abandonne la cause.»

Ce qui devait naturellement occuper une belle place dans l'ouvrage de l'abbé Lebret, c'est l'église de Criquetot, qui selon nous a donné son nom au village. (1) Elle paraît avoir été bâtie sur un terrain occupé autrefois par les Gallo-Romains; autour d'elle et notamment dans le cimetière, on a trouvé souvent des tuiles à rebord et des poteries romaines. Un tumulus est dans le voisinage, et dans les flancs de cette montagne factice, on a extrait mille fois des tuiles romaines et des débris de coquillages accompagnement obligé de tout établissement antique dans nos contrées. Des sépultures, des ossemens épars ont été rencontrés dans les jardins du château et du presbytère et dans les fondations de la mairie et du vicariat.

L'église de Criquetot a plusieurs fois été ruinée dans les guerres, et aujourd'hui elle ne se compose plus que de tronçons mutilés. On sent son cœur se serrer à la vue de ces pierres d'attente, de ces arceaux commencés et de ces arcades tracées que l'on n'a pu achever. Dire l'époque où la nef fut bâtie, ne serait pas chose facile, car il est évident que plusieurs siécles y ont déposé des assises de pierre. Sur un des pilliers au bas de la nef on lit cette inscription: FAICT LAN M. Vcc. XXXV. Mais le chiffre ne peut s'appliquer qu'au côté du Midi dans lequel se trouvent des pilastres de la renaissance. Toutefois le cdiffre de 1535, jette un grand jour sur plusieurs édifices du même style, mais qui manquent de date précise. Je cite de ce nombre les nefs de Bretteville-la-Chaussée, de Senneville, de Fécamp, de Goderville, d'Octeville, de Fraberville, et de St-Jouin.

---

(1) En langue Teutonique, Crique signifie Église, tôt hameau, d'où Criquetot, l'église du hameau.

Les chapelles de la Ste-Vierge et de St-Michel appartiennent à ce gothique flamboyant qui s'éteignit au commencement du XVIe siècle. Deux belles fenêtres malheureusement rebouchées avec de la brique renferment des flammes et des cœurs allongés d'une délicatesse extrême. J'ai remarqué la même particularité à l'église de Bléville; les clefs des voûtes sont ornées de pendentifs à jour et de filets très-élégants.

Mais la partie la mieux conservée de l'église c'est encore la partie la plus ancienne, c'est le chœur et le clocher, seuls débris de l'église bâtie en 1134. L'abside surtout qui termine le chœur d'une manière grâcieuse est un des plus beaux types du style roman en ce genre. Le clocher est un corps carré percé de fenêtres à plein-ceintre dont la corniche est ornée de têtes grimaçantes. Du reste, il est en tout semblable aux nombreux clochers que l'on rencontre dans la Haute-Normandie.

Un homme d'esprit disait que la première chose qu'il visitait dans un village de campagne c'était l'église ; parceque, disait-il, l'église, c'est toujours le musée de la paroisse. A coup-sûr jamais ce nom n'a été mieux mérité par une église de campagne que par celle de Criquetot. A l'époque de la révolution on y a apporté de Rouen trois grands tableaux d'église qui satisferont l'observateur le plus exigeant. Le premier représente Jésus au Jardin des Olives; le second, Jésus tombant sous la Croix, et le troisiéme, l'Assomption de la sainte Vierge. On peut assigner pour époque à ces tableaux le milieu du siècle dernier. Le plus remarquable, comme composition, est l'Assomption de la sainte Vierge. Elle est largement posée, mais l'expression de sa figure a quelque chose de trop vigoureux. Les mains sont bien exécutées. Un ange qui soutient Marie dans son ascension est d'un caractère très-brillant, d'un dessin heureux ; l'expression de sa figure est des plus gracieuses : la peinture des épaules et des ailes est fort remarquable. Le Christ au Jardin des Oliviers est plus faible ; il n'y a que la tête qui soit bien, dans le portement de Croix; l'expression du Christ est d'une singulière beauté. C'est le sublime de la douleur. Ces trois tableaux d'une pareille dimension doivent être du même peintre : cependant on ne saurait s'empêcher de croire qu'un maître fort habile a fait les têtes, mais qu'il a laissé à de mauvais élèves le soin de terminer l'ensemble. Toutefois ces morceaux ne sont pas moins les plus précieux que nous connaissions dans les églises de l'arrondissement. Mais hâtons-nous de le dire, l'humidité les dévore tous les jours, déjà ils se déchirent et s'en vont en lambeaux, et si l'on ne s'empresse d'y porter secours, ils seront bientôt perdus pour les arts et pour l'église dont ils sont le plus bel ornement. Nous appelons sur eux toute la sollicitude de M. le curé et de M. le maire.

Au temps de l'abbé Lebret, l'église de Criquetot possédait plusieurs inscriptions curieuses, aujourd'hui complètement perdues. Il nous a conservé les deux suivantes : la première se trouvait dans la chapelle Saint-Michel et était ainsi conçue : *Cy-gist le cœur de Charles Deschamps, vivant écuyer, sieur de Néaumare, capitaine d'une compagnie de gens de pié entretenus pour le service du roi, lequel fut tué combattant généreusement au siége de Saint-Jean-d'Angely le VIII juin* 1621. *Priez Dieu pour son ame.* »

La seconde se lisait sur le tombeau de feu François Legrand, bourgeois du Havre, décédé le 29 novembre 1615. « Priez Dieu pour son âme.

O. P. M.

« Cy gist un grand françois de l'estoc très-antique
Des grands, dont les vertus égalèrent le nom.
Qui, finissant le cours d'une vie angélique,
A franchi du trépas son illustre renom.
Il est mort toutefois ; car la fatale pique
De Cloton met à mort le méchant et le bon,
Le chrétien baptisé de même que l'ethnique
Paient d'un naule égal le tribut à Caron.
Il est mort quant au corps, qui, vassal de nature,
Vit enclos pour un temps en cette sépulture ;
Mais son esprit, rayon de la divinité,
Doué des attributs d'une essence immortelle
N'a point senti l'effort de la parque cruelle,
Ains vit heureux au ciel à toute éternité. »

Après ces détails sur l'église, l'abbé Lebret fait l'histoire des curés qui l'ont administrée. Le premier qu'il cite est Nicolas Lebrun qui en 1645 résigna son bénéfice à Pierre Bréard dont la famille habitait le canton. Le règne de ce dernier fut bien court et il fut enterré dans l'église suivant l'ancien usage. Au temps de l'abbé Lebret, on lisait encore sur son tombeau l'épitaphe suivante : « *Cy gyst le corps de feu M. Pierre Bréard, en son vivant curé, lequel a fondé* 21 *livres de rente en cette église, pour être célébré chacun an quatre messes les quatre samedis des Quatre-Temps et décédé en l'an* 1652, *le* 17 *septembre, âgé de* 37 *ans. Priez Dieu pour son âme.* »

» François Dufresne, lui succéda en 1652; il était originaire du Havre. Il n'accepta le bénéfice qu'après d'itératives instances; il fut zélateur des fondations et fondateur lui-même. C'était un savant profond et modeste. Il fut nommément député par la cour pour assister aux conférences qui se faisaient de son temps au temple des prétendus réformés aux fins d'y faire observer le respect dû à la vraie religion et à l'état. »

Jean Thérouenne, le remplaça en 1692; il était du diocèse de Meaux. A peine en avait-il pris possession, que le 18 septembre de la même année survint un tremblement de terre, sinistre avant coureur de tous les maux qui allaient fondre sur son troupeau. L'année suivante la cherté du pain fut extrême par tout le royaume, et on aura une idée de la misère qui y régna par les actes suivants qu'on lit dans les registres des inhumations de la seule paroisse de Criquetot : En décembre 1693, inhumé une mendiante ; en janvier 1694, une femme mendiante ; en juin 1694, une mendiante de Doudeville ; en juillet 1694, une vagabonde.

Dans cette détresse affreuse, l'abbé Thérouenne vendit jusqu'à son linge et son argenterie pour en donner le prix aux pauvres. Les protestans, alors persécutés, eurent part comme les catholiques à son inépuisable charité.

L'abbé Thérouenne, avant de mourir, fit une fondation à son église de plusieurs donations aux pauvres. Il était docteur en Sorbonne et portait le titre de doyen du Havre. Ses vertus et sa science lui ont mérité de la part de M. Desaulx, chancelier de l'université de Rheims, ces vers flatteurs :

« Aux qualités du cœur il joignit la science,
Affable, officieux, modeste, bienfaisant,
Il s'acquit sur les cœurs, cette aimable puissance,
Qui suit de la vertu le charme ravissant.
Du vigilant pasteur il fût le vrai modèle,
Du troupeau qu'il aimait il eût aussi l'amour,
Malgré le froid des ans il brûla d'un saint zèle
Et ne perdit ce feu qu'avec son dernier jour. »

Étienne Roche, son neveu, obtint le bénéfice par résignation et en prit possession en septembre 1730. Lui aussi, avait été professeur de l'université de Rheims, et comme son oncle, il fut doyen du Havre. M. Desaulx, chancelier de la même université, lui adressa aussi ces vers :

Pasteur qui gouvernez après lui ce saint temple,
Zélé pour votre gloire et celle des autels,
Aux yeux de votre peuple imitez son exemple,
Pour jouir comme lui des honneurs immortels.

« Lequel des deux pasteurs fut plus digne d'éloges, ajoute l'abbé Lebret; il serait difficile de le décider. » Etienne Roche mourut en octobre 1776 et fût remplacé par M. de Courmesnil, prieur de St-Cyr, au diocèse de Lisieux.

Aux curés de Criquetot, l'abbé Lebret fait succéder les vicaires, qui sont au nombre de 30. Parmi eux figure l'abbé Geffray, né à Yport vers 1730 et qui mourut curé de Hautot-le-Vatois. L'abbé Geffray était un ancien enfant de cœur de l'abbaye de Fécamp et avait appris la musique dans cette maîtrise, qui etait une des plus célèbre de l'univers. Il devint fort habile dans le chant et il composa plusieurs morceaux très-estimés. On cite entre autres le fameux répons *quicunque* que l'on chante à la procession des Fonts, le dimanche de Pâques, et qui est un des chefs-d'œuvres du chant Grégorien.

Viennent ensuite les maîtres d'école et les campenoliers ou sonneurs de l'église. Cette petite nomenclature aurait, dans tous les cas, l'avantage de prouver à M. de Montalivet, que l'instruction primaire en France, remonte un peu plus haut que 1789. (1)

Enfin, après tous ces gens de robe, arrivent les gens d'épée, les hauts barons, seigneurs, châtelains et Grands-Justiciers de Criquetot.

Il faut savoir avant toutes choses que Criquetot fut autrefois une terre féodale toute hérissée de forteresses. Il y avait un vieux château *scis au Bourg*, dont on chercherait en vain le moindre vestige. Les vieillards ont aussi connu trois mottes ou roques fortifiées. La première à la *Malebrèque*, elle est détruite depuis vingt ans. La seconde au hamean de *l'Écluse d'où le prince de l'Écluse se battait avec celui de la Corne.* La troisième dont nous avons parlé existe encore près du cimetière.

Le surnom d'Esneval donné à cette commune, lui vient de ses anciens seigneurs, les fameux sires d'Esneval, qui plus tard firent bâtir à Rouen l'hôtel du Bourg-Theroulde l'une des plus belles demeures princières que la France

(1) M. de Montalivet n'a pas craint de dire à la tribune, qu'avant 1789 l'instruction primaire n'était pas connue en France.

ait jamais possédé. Aussi avaient-ils grande fortune ces vidames héréditaires de la Normandie, seigneurs de Criquetot-L'Esneval, Anglesqueville-L'Esneval, Flamanville-L'Esneval, Pavilly, Grémonville, Étoutteville et de tant d'autres domaines dont quelques-uns, comme Motteville, possédaient jusqu'à deux mille acres de terre.

Nous n'irons pas chercher dans le père Anselme une histoire complète de ces grands officiers de la couronne de France qui possédèrent Criquetot et qui n'y parurent jamais, nous ne citerons que ceux qui ont laissé quelques souvenirs dans le pays.

Le plus ancien cité par l'abbé Lebret est le fameux Enguerrand de Marigny, ce premier ministre de Philippe-le-Bel, qui fut pendu au gibet de Montfaucon, le 30 avril 1315.

Une vieille tradition prétend que Anne de Dreux, princesse de Bretagne était dame de Criquetot dans le 16e siècle. « On m'a assuré, continue l'abbé Lebret, que c'était de son temps que Charles IX y avait séjourné. Dans le canton, ce séjour ne paraît pas douteux, on désigne la ferme qui appartient aujourd'hui à M. Plainpel; on désigne le quartier-général qui est le fief d'Azélonde. »

En effet, au mois de juillet 1563, Charles IX vint assiéger le Havre que les protestans avaient livré aux Anglais. «Le roi, dit un vieil historien,(1) étant parti de Gaillon, vint droit à Fécamp. Il trouva en Caux les choses si avancées sous la conduite du maréchal de Brissac, les approches si furieuses, le soldat si bien encouragé, l'orgueil des ennemis si fort repoussé, que ceux qui se disaient la crainte et la frayeur de notre patrie, les fossoyeurs du cimetière de notre armée, furent reçus, à leur grand besoin, à composition, condition qu'ils ne méritaient pas. »

Ce fut donc dans son trajet de Fécamp au Havre que l'avant-dernier des Valois s'arrêta à Criquetot et c'est dans l'enceinte circulaire d'Azélonde qu'il plaça son *état maïor*. Depuis ce temps le camp d'Azélonde est devenu un bois taillis, dans lequel des chasseurs en cherchant des renards ont rencontré bien souvent des murailles. Des fossés demi comblés, des retranchements formant une enceinte demi-circulaire indiquent à l'antiquaire la vieille position militaire. En 1574, le fief d'Azélonde se composait de 387 acres de terre; aujourd'hui il est divisé en plusieurs fermes qui appartiennent à des habitans du Havre.

---

(1) Histoire manuscrite du Havre, par Levéziel.

Les autres seigneurs de Criquetot dont l'abbé Lebret a eu une connaissance plus précise, sont Claude de Prunelay, mort en 1654 et qui dans l'espace de 40 ans a tenu 16 enfans sur les fonts de baptême. En 1728, mourut le marquis de Bourg-Théroulde qui dans ses actes publics et privés prenait le titre de chevalier, seigneur-patron, haut-justicier de Criquetot-L'Esneval, Anglesqueville-L'Esneval, etc. En 1728, la seigneurie passa au marquis d'Ursay qui mourut à Paris en 1755 sans laisser de postérité. Tous ses biens, fiefs et seigneuries revinrent à Joseph Maximilien d'Astron, son frère cadet, qui dans un acte signé de sa propre main s'appelait chevalier, baron, seigneur et patron, chatelain et haut-justicier de Criquetot-L'Esneval, Anglesqueville-L'esneval, les Bouquets, Claire, Azéloude, Yancourt, Mellemonts, L'Epinay, Nointot, etc., etc. Son fils, Eustache d'Astron, dernier seigneur de Criquetot, est mort à Rouen en 1804.

Les hauts Justiciers de Criquetot marchent escortés de leur inséparable cortége, les sergens, les greffiers et les lieutenants. Antoine Leseigneur, était *sergent* de Criquetot en 1609, et Nicolas Grancher en 1620. Noël Avenel était greffier de *la haute justice* de Criquetot en 1620, Adrien Savouray en 1630, Jacques Leseigneur en 1645, et Etienne Legrand en 1660. Jacques Rubay était lieutenant de *la haute justice* de Criquetot en 1633, et Jean Vion, aussi lieutenant de *la haute justice* dudit lieu en 1662. Enfin, Jacques Lachapelle était receveur de Criquetot en 1693.

La haute justice se tenait avec plaids et potence à deux cents pas de l'église, sur un terrain occupé aujourd'hui par une maison particulière. Le gibet n'a été abattu qu'à la révolution. Le carcan était sur la place du Marché.

On est sans doute tenté de se demander pourquoi cet appareil de justice et de terreur pour un pays aussi pacifique que Criquetot, qui n'est connu nul part pour être d'humeur turbulente et tracassière. Malheureusement, il n'en fut pas toujours ainsi, de brulantes passions s'agitèrent autrefois dans la paisible enceinte de feuillage qui abrite aujourd'hui ce modeste village. L'abbé Lebret a laissé sur ses pages une tache de sang. « En 1702, dit-il, Etienne Delahays fut tué par Robert d'Avannes, sieur du Mont Quesnel, et ledit sieur d'Avannes fut tué par les enfans dudit Delahays, dans un cul de sac du bourg. » Le bruit de ce crime retentit encore dans la mémoire des hommes, mais on doit ajouter qu'aucun forfait nouveau n'est venu prendre la place de ce sanglant souvenir.

Une des choses les plus curieuses du livre de l'abbé Lebret, ce sont les abjurations des protestans, qui eurent lieu lors de la révocation de l'édit de Nantes. Il nous en a laissé deux listes à la fin de chaque volume. Dans la première, elles sont rangées selon l'ordre des temps. Le nombre total est de 160, ainsi réparties : 12 en 1684, 143 en 1685, dont 124 en novembre seulement. Le reste dans les quatre années suivantes.

La seconde liste range les abjurations selon les différentes paroisses où elles eurent lieu. Car il ne faut pas croire avec M. Guilmeth que le chiffre de 160 est pour la seule paroisse de Criquetot. C'est une grave erreur. Les paroisses voisines en revendiquent la plus forte partie. On abjurait dans toutes les églises de campagne, et même dans les plus petites, comme le prouve l'abjuration du nommé l'Espagne, que l'abbé Lebret dit formellement avoir eu lieu dans l'église de Vergetot. Ici, hâtons-nous de le reconnaître, notre compilateur sort du cercle ordinaire de ses opérations, il devient l'annaliste de la province, on doit lui en savoir bon gré, car, sans lui, nous n'aurions aucun détail sur cette intéressante époque de notre histoire.

C'est donc entre 24 paroisses du pays de Caux, qu'il faut diviser les 160 abjurations mentionnées par l'abbé Lebret. Voici comme lui-même les partage : Criquetot, 21; Beaurepaire, 1 ; Bordeaux, 2; Cuverville, 3 ; Escultot, 2 ; Estretat, 1 ; Hermeville, 1 ; Manéglise, 1 ; Manneville-la-Goupil, 7; Notre-Dame-du-Bec, 2; Sausseusemare, 10 ; Villainville, 2 ; Anglesqueville, 19 ; Escuquetot, 54 ; etc.

Il ne faut pas croire pour cela que tous les protestans aient abjuré dans nos contrées. Il n'y en eut aucun de Gonneville et de Saint-Jouin, deux communes où cependant il s'en trouvait beaucoup, puisque dans la première ils avaient établi un marché, et dans la seconde un prêche, au hameau d'Ecrépintot. Ces derniers préférèrent l'exil au changement de religion, ils enfouirent dans la terre ce qu'on ne leur permit pas d'enlever et nous savons une famille qui a trouvé au retour un trésor qu'elle avait caché dans un bois. Puis, ils descendirent à Bruneval et à Etretat, d'où les barques de pêche les transportèrent en Angleterre. On montre encore à Etretat de petites fortunes de pêcheur, qui proviennent du passage des protestans.

Quoiqu'il en soit, cette révocation de l'édit de Nantes, provoquée par le conseil d'état et les parlemens, n'en fut pas moins une faute du grand roi. Faute réprouvée par la politique et plus encore par la religion. Car la foi est fille du verbe ; elle descend dans les cœurs avec la parole et non avec l'épée.

Du reste, l'heure des représailles ne se fit pas trop attendre. Cent ans plus tard, une terrible réaction s'était opérée : les persécuteurs devinrent les persécutés ; et les mêmes barques les transportèrent en exil !

www.ingramcontent.com/pod-product-compliance
Lightning Source LLC
LaVergne TN
LVHW050515160826
845677LV00003B/1143

9782329631851